MÉMOIRE

SUR LES CAUSES

DE LA DÉCADENCE DE L'INDUSTRIE

MANUFACTURIÈRE ET COMMERCIALE

A ORLÉANS;

SUR LES MOYENS D'Y REMÉDIER EN PARTIE,
ET PRINCIPALEMENT SUR LA NÉCESSITÉ D'UN ENTREPOT
POUR LES MARCHANDISES EXOTIQUES, SOUMISES AUX DROITS DE DOUANES.

Par M. Sevin-Mareau,

Juge au Tribunal de Commerce d'Orléans, Membre de la Société Royale
des Sciences, Arts et Belles-Lettres de la même ville.

ORLÉANS,

DE L'IMPRIMERIE D'ALEXANDRE JACOB,
RUE BOURGOGNE St-SAUVEUR.

M. DCCC. XXVIII.

AVERTISSEMENT.

J'ai donné lecture de ce Mémoire à la Société
royale des Sciences, Arts et Belles-Lettres d'Orléans, le 5 de ce mois (septembre). L'heure avan-
cée de la séance, et l'époque des vacances l'ont
forcée d'ajourner, à la reprise de ses travaux,
la délibération dont il devait être l'objet.

Plusieurs de mes collègues m'ayant exprimé
l'opinion qu'il renfermait des observations qu'il
importait, surtout pour notre ville, de rendre
publiques, j'ai considéré que la question des entrepôts intérieurs, que je me suis principalement
appliqué à traiter, s'agite en ce moment, et que
vraisemblablement à l'époque où la Société pourrait examiner mon travail, le gouvernement aura
adopté un parti. J'ai donc pensé que, si jamais la
publication de mon écrit devait avoir quelque
utilité, ce ne pouvait être qu'autant qu'elle serait

prompte. J'ai reconnu enfin que ce mémoire, n'eût-il d'autre effet que d'appeler la discussion; que de fixer l'attention d'hommes plus éclairés que moi, sur une question *vitale* pour notre industrie et notre commerce, il pourrait encore et par cela seul produire un grand bien. Telles sont les raisons qui m'ont déterminé, après l'avoir offert à la société, à le livrer à l'impression sans qu'il ait reçu sa sanction. Si quelques-uns de mes collègues, ce que pourtant je ne saurais supposer, voyaient dans ce fait un manque de déférence, j'en serais d'autant plus contrarié que je me souviendrai toujours de l'extrême bienveillance qu'ils ont accordée à la lecture de mon faible écrit; mais je les prie de m'excuser en faveur du motif qui me fait agir.

MÉMOIRE

SUR LES CAUSES

DE LA DÉCADENCE DE L'INDUSTRIE

MANUFACTURIÈRE ET COMMERCIALE

A ORLÉANS;

SUR LES MOYENS D'Y REMÉDIER EN PARTIE,

ET PRINCIPALEMENT SUR LA NÉCESSITÉ D'UN ENTREPOT,

POUR LES MARCHANDISES EXOTIQUES, SOUMISES AUX DROITS DE DOUANES.

Dans un moment où le gouvernement s'efforce de seconder tous les élémens de la prospérité publique, où il désire des renseignemens sur les besoins de toutes les localités, pour accorder à chaque ville les établissemens qu'exige sa situation, je vais essayer d'être utile à mon pays, à la ville que j'habite depuis mon enfance, en faisant connaître l'état fâcheux où se trouvent depuis plusieurs années son industrie et son commerce, en recherchant les causes de leur décadence : cette connaissance peut seule mettre l'administration à même de bien juger le remède, et les moyens qui peuvent la faire sortir de sa pénible position.

Pour rendre ce travail complet, peut-être eût-il fallu fixer l'état de notre commerce avant, pendant et depuis la révolution jusqu'à la guerre qui a suivi la rupture du traité de paix d'Amiens, pendant cette guerre, et la durée du système appelé *continental*, comparer ensuite ces différens états avec notre position actuelle; et quand les faits auraient été ainsi bien constatés, indiquer les causes des différences, et de cette diminution malheureusement trop réelle dans nos affaires commerciales et surtout dans les bénéfices qui en sont la suite.

On pensera vraisemblablement qu'il y a eu de ma part manque de recherches; mais enfin je n'ai pu, sur ces différens points, obtenir des faits assez précis, assez exacts, pour pouvoir en faire la base des observations que je voulais soumettre à l'administration.

La connaissance de ces faits était sans doute désirable, parce que les faits sont d'un grand intérêt dans toutes les questions d'économie politique; toutefois elle ne m'a pas paru absolument indispensable. Peut-être d'ailleurs qu'en suivant cette marche, et en remontant aux causes des faits constatés, serait-on même arrivé à des conséquences contraires à celles que ces faits eussent permis d'espérer?

En effet, quand il serait constant que, dans nos diverses branches d'industrie, la masse actuelle des

affaires est la même qu'au temps passé, on ne
pourrait en conclure que notre prospérité est aujourd'hui ce qu'elle était autrefois.

Généralement, depuis plusieurs années, les affaires se sont accrues par l'augmentation de la
consommation, par les développemens et les progrès de l'industrie ; et alors, quand la somme des
nôtres serait la même qu'antérieurement, nous se-
rions encore au-dessous de ce que nous étions ;
ce serait avoir rétrogradé, que d'être restés sta-
tionnaires, quand tout a marché autour de nous.

L'extension des affaires a d'ailleurs engendré la
concurrence qui a forcé le commerce à se con-
tenter de moindres bénéfices ; et comme en toutes
choses, c'est le résultat qu'il faut considérer, pour
savoir si le commerce prospère ou non, il ne faut
pas seulement examiner les affaires qui s'y trai-
tent, mais les avantages qu'elles assurent.

Cet examen est surtout essentiel à l'égard d'une
ville comme la nôtre : quand une ville, autrefois
sans affaires, devient commerçante tout-à-coup,
c'est une preuve que le commerce y procure des
bénéfices ; mais une semblable conséquence ne
serait pas toujours exacte à l'égard d'une ancienne
place. Le besoin d'employer des capitaux amassés
par l'industrie aux jours de sa prospérité, le désir
de conserver une clientèle, d'anciennes relations
qu'on espère pouvoir utiliser à une époque plus

heureuse, y maintiennent encore quelque temps les affaires, lors même qu'elles ont cessé d'être avantageuses.

Si ces observations sont trouvées justes, on reconnaîtra que pour remplir la tâche qui est le but de mes efforts, il n'est pas nécessaire de fixer précisément la quantité de sucre qui se raffinait autrefois à Orléans, et celle qui sort des établissemens que nous possédons aujourd'hui; la quantité de denrées coloniales, de marchandises d'épicerie, d'eaux-de-vie, de vins que notre commerce livrait autrefois et livre aujourd'hui à la consommation; il suffira de prendre les faits en masse et dans leurs résultats.

Le nombre de nos raffineries, réduit de plus de moitié, le peu d'importance et d'activité de plusieurs d'entr'elles, la souffrance de nos fabriques de bonneterie, l'absence de fortunes nouvelles, destinées à remplacer les anciennes, enfin la misère de la classe ouvrière, une population chaque année décroissante, dont un quart ne subsiste qu'aidé des secours de la charité publique; tout prouve que la somme des affaires et plus encore les bénéfices proportionnels, sont considérablement diminués pour Orléans, que cette ville a beaucoup perdu de son ancienne splendeur.

Quand personne ne conteste ces résultats, il

n'est plus nécessaire d'en administrer les preuves, il ne faut qu'en apprécier les causes, en rechercher les remèdes.

Tel sera l'objet de mon travail, je tâcherai de le rendre clair, en distinguant les matières et les diverses branches de notre industrie, c'est-à-dire l'industrie manufacturière, l'industrie commerciale, qui, pour notre ville, comprend principalement le commerce des denrées coloniales, des marchandises soumises aux douanes, et de tous les produits de notre sol.

Après avoir développé les causes du mal, j'indiquerai sommairement quelques moyens qui me paraissent susceptibles d'y remédier, si non totalement, au moins en partie; je démontrerai surtout la justice et la nécessité, pour notre ville, d'obtenir un entrepôt pour les denrées exotiques, entrepôt qui peut seul tirer notre industrie et notre commerce de l'état de gêne où ils se trouvent.

§ Ier.

INDUSTRIE MANUFACTURIÈRE.

Nos raffineries occupaient autrefois le premier rang dans ce genre d'industrie; elles fournissaient en très-grande partie à la consommation de la capitale, des provinces, et même à quelques pays étrangers au Nord et à l'Est de la France. Aujourd'hui cet état de choses est tout-à-fait changé, le système continental, en vigueur sous l'Empire, a fait fermer tous nos grands établissemens. Il s'en est formé quelques-uns dans la capitale, et dans plusieurs villes maritimes, comme Nantes, Bordeaux et Marseille. Ces établissemens, d'abord peu importans, se sont multipliés et agrandis depuis l'époque de la restauration; et quand nos fabriques ont voulu recommencer leurs travaux, elles ont trouvé dans les villes qui leur servaient de débouchés, des établissemens dont la concurrence s'est même fait sentir dans les autres lieux que précédemment elles approvisionnaient exclusivement.

Les effets de cette concurrence sont palpables, trente-deux raffineries florissaient autrefois à Orléans, et malgré l'extension donnée partout aux affaires nous en possédons seulement aujourd'hui quatorze dont la moitié au moins ne forme encore que des établissemens secondaires.

En effet, du moment où Nantes, Bordeaux et Paris fondaient des raffineries, les débouchés des nôtres devaient être nécessairement restreints, la position des nouveaux établissemens devait seule nous rendre la concurrence difficile.

Toutefois des usines toutes construites et d'un

prix moins élevé, la main-d'œuvre moins chère-
ment payée, l'esprit d'ordre et d'économie qui
semble être le caractère distinctif de notre commerce, auraient pu mettre nos raffineurs à même
de soutenir cette concurrence.

Mais les raffineurs des ports, outre la faveur
de leur position locale, en ont trouvé une autre
dans la législation, dans les entrepôts dont ils jouissent, et telle a été la cause principale de leurs succès.

Au moyen de ces entrepôts ils ont toujours
auprès d'eux de grandes masses de matières premières; faisant leurs achats eux-mêmes, ils évitent
les frais de commission, que payent presque toujours les négocians de l'intérieur; ils sont à même
de profiter journellement de toutes les occasions
favorables, des marchés avantageux offerts par les
étrangers que leurs affaires ou le besoin pressent
de réaliser; enfin pouvant, pour ainsi dire, acheter
chaque jour la provision du lendemain, ils sont
dispensés de faire des achats à l'avance.

Au contraire, les droits imposés sur les matières
premières les retenant dans les ports, c'est-là que
nos raffineurs sont obligés de faire leurs achats, ils
ont le plus souvent besoin de l'intermédiaire des
commissionnaires, il leur faut toujours des matières premières pour attendre celles qui font route;
notre rivière étant même innavigable pendant
quatre mois, il faut que les besoins de ce temps

soient préalablement assurés. De là; nécessité de mises de fonds, non seulement pour le prix de la marchandise, mais encore pour le payement des droits, perte d'intérêts sur le tout. Le déchet de route est aussi d'autant plus préjudiciable qu'il a lieu sur le prix de la marchandise après l'acquittement des droits.

Le raffineur réunit-il l'habileté du négociant aux connaissances du manufacturier; a-t-il ce tact presque indispensable pour arriver à la fortune, ce tact qui lui fait saisir les momens opportuns pour acheter ses matières premières et vendre ses produits; juge-t-il le moment favorable pour s'approvisionner plus largement qu'à l'ordinaire; veut-il enfin spéculer? quel avantage alors n'a pas celui des ports?

Le sucre brut qui en entrepôt vaut environ 100 fr. les 100 kilogrammes; suivant qu'il est importé par navire français ou étranger, et le lieu de sa provenance, paye à la douane, compris le décime, 41 fr. 25 c., 49 fr. 50 c., 93 fr. 50 c., 104 fr. 115 fr. ou 121 fr. (1).

(1) Toutes les fois que dans ce mémoire on indique plusieurs fixations aux droits imposés sur une même denrée, il ne faut considérer que ceux qui sont modérés et peu différens dans leurs limites; les autres sont fictifs, ils équivalent à des prohibitions introduites dans l'intérêt de nos colonies ou de notre navigation.

Il résulte de là que pour spéculer sur une même quantité de sucre, le raffineur des ports a besoin d'un capital beaucoup moindre que celui qu'il faut au manufacturier de l'intérieur, il a de plus l'avantage de ne point payer de droits sur les déchets de magasin, il ne les acquitte que sur les quantités qui sortent de l'entrepôt pour être livrées à la consommation.

Quand autrefois les droits n'étaient pour 100 livres de sucre brut que de 7 liv. 10 s., réductibles à moitié lorsque le navire justifiait avoir introduit des noirs dans la colonie où il avait pris son chargement, un droit aussi modéré ne gênait point les achats. Comment peut-on s'étonner de la diminution de nos raffineries, quand, outre la difficulté résultante de leur position locale, nos raffineurs trouvent encore dans nos lois fiscales des obstacles inconnus à leurs heureux devanciers, et qui de plus n'existent pas même aujourd'hui pour leurs concurrens?

Les raffineurs de Paris n'ont pas comme ceux des ports l'avantage de l'entrepôt; mais leur peu d'éloignement du Hâvre, la navigation de la Seine moins variable que celle de la Loire, leur permettent de recevoir des matières premières presque en toute saison. Malgré la gêne de nos Douanes, de grands capitaux y amènent nécessairement de grandes masses de marchandises que le fabricant trouve à sa disposition à mesure de ses besoins. Enfin, dans l'opinion de beaucoup d'hommes experts, une manufacture est encore plus avantageusement placée auprès des consommateurs de ses produits qu'auprès des matières premières qu'elle emploie : c'est aussi là ce qui a beaucoup contribué aux succès des raffineries de Paris; elles sont à la portée de l'immense consommation de la capitale et de ses environs; si les raffineurs des ports achètent eux-mêmes et sans frais leurs matières premières, ceux de Paris livrent directement à la consommation leurs produits presque toujours aussitôt vendus que fabriqués.

Le séjour de la capitale a été pour le manufacturier industrieux une autre cause de succès qu'il appartient, surtout à une Société comme la nôtre, de reconnaître et de proclamer.

La physique, la chimie, les sciences mathématiques ont fait depuis trente ans d'immenses progrès, qui ont eu sur les arts industriels une heureuse influence. Depuis la restauration surtout, depuis que la paix a laissé à l'industrie un libre essor, les travaux des savans ont pris une autre direction; ils ont reconnu que ce qui importait le plus, c'était de propager les connaissances élémentaires parce que ce sont elles qui servent le plus dans la pratique, ils ne se sont plus uniquement occupés de ces théories élevées souvent plus curieuses qu'utiles, ils ont moins cherché à élever le sommet de la science que d'en élargir les bases, à augmenter le cercle des connaissances humaines qu'à les fertiliser par une utile application à tous les arts destinés à satisfaire à nos besoins journaliers.

Cette direction imprimée aux sciences est un des caractères distinctifs de notre époque, elle a été une des causes les plus puissantes des succès de notre industrie manufacturière; la théorie et la pratique se sont prêté de mutuels appuis, l'industriel a consulté les lumières du savant, qui, de son côté, a soumis ses conceptions à l'épreuve de l'expérience. Alors un manufacturier a d'autant mieux réussi qu'il a mis plus de zèle et de discernement dans l'emploi des procédés nouveaux.

Paris, centre des lumières, séjour des savans, lieu de leurs leçons et de leurs expériences, a dû surtout profiter de cet heureux mouvement de l'esprit humain; et c'est-là ce qui explique comment cette capitale, qui, au commencement du siècle, n'était encore considérée que comme une ville de consommation, a tout-à-coup pris la première place dans l'industrie, et produit aujourd'hui plus que plusieurs départemens réunis.

Grâce pourtant à la rapidité des communications, aux bienfaits de la presse, les nouvelles découvertes, ont facilement pénétré dans nos départemens ; là, comme à Paris, il s'est trouvé de hommes qui ont su faire à la pratique une heureuse application de la théorie des sciences, et leur industrie a prospéré quand elle n'a point rencontré d'obstacles.

Pourquoi sommes-nous obligés de convenir que sous ce rapport on reproche à notre ville d'être restée un peu en arrière du siècle ! Peut-être n'y a-t-on pas senti assez promptement tout l'avantage que l'industrie peut tirer de la culture des sciences : ainsi l'art du raffineur a varié comme les autres ; peut-être a-t-on trop tardé chez nous à adopter les nouveaux procédés ; les établissemens qui avaient devancé les nôtres, dont les produits étaient plus beaux ou moins couteux, se sont créé des relations à notre préjudice, et ce retard a pu donner une nouvelle force aux causes qui devaient assurer la supériorité à nos concurrens. L'auteur d'une utile découverte n'en profite pas toujours ; mais il ne faut pas non plus attendre que tout le monde s'en serve, ceux-là en retirent le plus grand avantage qui savent s'en emparer aussitôt que l'expérience en consacre l'utilité.

Outre ses raffineries, Orléans possède encore diverses fabriques renommées de bonneterie de laine, les unes travaillent pour les besoins de la campagne, les autres expédient leurs produits à l'étranger, et particulièrement dans le levant. Le changement des habitudes, le bas prix des cotons, l'usage des coiffures appelées casquettes, ont singulièrement diminué l'importance des premières ; les événemens politiques et peut-être aussi des établissemens rivaux des nôtres, fondés dans des lieux plus rapprochés des besoins, ont sur les autres une influence non moins fâcheuse.

Notre ville doit enfin regretter la chute de la manufacture d'indienne qui existait à Olivet : source d'une brillante fortune pour son fondateur, entre les mains de ses successeurs elle est tombée précisément à l'époque où, dans un genre d'industrie semblable, florissaient les magnifiques établissemens de M. Oberkamp, où Mulhouse jetait les fondemens de cette prospérité, que de fâcheuses circonstances, il faut l'espérer, n'auront arretée qu'un moment. N'est-il pas vraisemblable que, si cette manufacture eût conservé son ancien éclat, ses succès auraient encouragé la formation d'établissemens semblables, la fabrique de certaines étoffes eût pu remplacer le vuide que des obstacles insurmontables apportaient à nos raffineries. Ce qui a surtout contribué à l'extension des fabriques françaises, c'est l'amélioration de nos laines, due à l'introduction des troupeaux mérinos ; ces troupeaux qui ont parfaitement réussi dans la Beauce, auraient fourni des matières premières.

Une branche de commerce qui prospérait chez nous à cette époque, et qui depuis a aussi beaucoup diminué, eût pu encore favoriser ces établissemens. La plupart des fabriques du Berri et de Romorantin, devenues plus considérables aujourd'hui, donnent elles-mêmes à leurs draps la teinture et les apprêts, et les livrent directement au commerce de détail. Mais alors, c'était à Orléans que presque tous ces draps recevaient les dernières façons et se vendaient pour la consommation. Quelques-uns des pays qui les employaient, habitués à les recevoir par des maisons de notre ville, les y croyaient fabriqués : cette opinion eût pu être d'une grande utilité pour les établissemens qu'on aurait formés près de nous; ils auraient pu profiter des débouchés de notre commerce en draperie. Le temps perdu est irréparable, mais l'avenir nous appartient toujours; espérons qu'un jour quelques hommes industrieux viendront mettre à profit l'avantage de notre position.

§ II.

COMMERCE D'ORLÉANS.

Si de l'industrie manufacturière on porte son examen sur notre commerce, son état n'est pas moins affligeant.

Deux branches principales en forment l'objet:

L'une comprend les denrées coloniales, les articles d'épiceries, et généralement toutes les marchandises soumises aux Douanes;

La deuxième concerne les produits de notre sol, et principalement le commerce des eaux-de-vie, vins et vinaigres.

Le commerce des denrées coloniales et des principaux articles d'épicerie, a été très-florissant pour la place d'Orléans; il a été l'origine et la cause de la fortune de nos plus anciennes maisons. Orléans recevait, par la Loire, les savons des fabriques de Marseille; de tous nos ports, et principalement de Nantes et de Bordeaux, les sucres, cafés, poivres, les huiles de l'Italie, et les revendait avec avantage pour les besoins de la capitale, de ses environs, et du nord de la France. Nos négocians étaient les intermédiaires entre l'armateur, ou le grand détenteur de nos ports, et le commerçant qui achetait pour la consommation de l'intérieur. Celui-ci alors ne portait point directement ses demandes dans les villes maritimes, qui, en général, s'occupaient uniquement d'armemens et du commerce extérieur.

Cette division des affaires ne tenait pas seulement à des habitudes; elle avait son fondement dans l'état intérieur du royaume, dans les difficultés et les obstacles des communications. Quand il n'existait sur notre Loire que de gros bâteaux plats, qui restaient trois ou quatre mois dans le trajet de Nantes à Orléans, et ne pouvaient naviguer que cinq à six mois de l'année, le marchand qui vend à la consommation, qui a besoin de sa marchandise à des époques fixes, ne pouvait la tirer de Nantes ou de Bordeaux. Loin des rivières, dans l'intérieur du Royaume, l'absence de routes faciles, le haut prix du transport étaient des obstacles non moins grands. Alors, nos négocians profitaient des momens des bonnes eaux de la Loire, pour faire des approvisionnemens dont ils trouvaient facilement l'écoulement, surtout quand arrivait l'époque de la sécheresse.

Mais, aujourd'hui, un mode plus prompt de navigation est résulté d'un changement adopté dans la forme des bateaux. Sauf les cas d'exception, trente jours est le plus long terme du trajet d'un bateau accéléré de Nantes à Orléans. La durée annuelle de la navigation a été aussi plus longue, le défaut d'eau ne l'arrête pas maintenant plus de trois ou quatre mois.

Ces améliorations, dans les moyens de transports, ont amené une autre division dans les affaires; les villes maritimes ne se sont plus bornées au commerce extérieur, des maisons s'y sont formées pour l'approvisionnement de la consommation intérieure, elles sont devenues les rivales des nôtres. Ainsi, par leurs commis-voyageurs, Bordeaux et Lyon offrent leurs marchandises aux départemens qui comprennent les anciennes provinces du Limousin, du Berri, du Nivernais et de la Bourgogne. Nantes encore, plus préjudiciable à nos relations, au moyen des barques accélérées, approvisionne les villes, les bourgs qui bordent la Loire, et même en partie le commerce de détail de notre propre ville ; sa concurrence deviendra plus fâcheuse encore, quand la navigation par la vapeur sera en pleine activité sur notre Loire. Ses expéditions par terre, comme celles de Paris et de Rouen, ont été favorisées dans le pays Chartrain et dans le Perche, qui autrefois nous adressaient exclusivement leurs demandes, par les routes de Bordeaux et du Mans, nouvellement créées ou rétablies.

Les bénéfices du négociant sur les denrées coloniales et sur les articles d'épicerie sont en général faibles ou modérés, ils ne peuvent devenir importans que par la quantité des affaires, par l'économie dans les dépenses, par l'opportunité des achats.

Dans cet état de choses, les négocians des ports qui peuvent traiter sans l'intermédiaire des commissionnaires, profiter de toutes les circonstances favorables qu'offre une place maritime, où chaque jour il se fait des arrivages de marchandises, trouvaient déjà dans leur position, un immense avantage sur nous; l'entrepôt dont ils jouissent a pourtant seul assuré leurs succès à l'égard de notre commerce, comme à l'égard de nos raffineries.

Pour apprécier les conséquences de l'entrepôt relativement à notre ville, il faut considérer que le commerce des denrées coloniales et des marchandises soumises aux douanes a deux objets principaux :

1°, Les approvisionnemens de la ville et des départemens voisins;

2°, La spéculation.

Quant à ce qui concerne le commerce d'approvisionnement, on sent facilement que le négociant qui veut s'y livrer, est obligé d'avoir dans ses magasins, une assez grande quantité de marchandises, un assortiment suffisant pour répondre aux demandes qu'il reçoit journellement.

L'achat de ces marchandises exige une avance de fonds souvent considérable, et par suite une perte d'intérêts; de plus la marchandise fait toujours un déchet, et ce déchet, réuni à l'intérêt du capital avancé, occasionne au négociant de notre ville une perte de 10 à 12 pour cent sur l'ensemble des marchandises qu'il est obligé d'avoir en magasin. Ainsi, si l'on fixe l'évaluation de ces marchandises à 200,000 fr., leur garde privera le possesseur d'une somme de 20 à 24 mille francs sur les bénéfices annuels de ses ventes.

L'entrepôt donne à cet égard aux négocians des ports, sur ceux de notre ville, tous les avantages que nous l'avons vu procurer aux raffineurs des villes maritimes sur ceux de l'intérieur.

La position du négociant des ports, la facilité qu'il a de n'acheter qu'à mesure de ses besoins, lui a surtout été très-utile depuis plusieurs années, elle a beaucoup contribué à favoriser sa concurrence avec notre ville.

Les denrées coloniales, comme presque toutes les marchandises, ont suivi dans les prix une progression toujours décroissante. En se reportant seulement à une époque de cinq années, en comparant les prix d'alors et ceux du jour, on reconnaît qu'il n'est presque aucune marchandise d'outre mer, qui n'ait éprouvé une baisse de 25 à 30 pour cent, sur quelques-unes la différence est plus grande; en prenant sur le tout une moyenne proportionnelle, on peut avoir sur l'ensemble une baisse d'environ 35 pour cent, et comme la diminution a été graduelle, on arrive à ce résultat que la marchandise en magasin a diminué chaque année en valeur de 7 à 8 pour cent, ce qui réunit à l'intérêt du prix, au déchet de magasin, porte à 18 ou 20 pour cent, la perte qu'elle a fait éprouver annuellement à son détenteur.

Il est vrai que celui qui a su et pu renouveller
continuellement ses achats et ses ventes, a cou-
vert ces pertes par le bénéfice que procure l'achat
de marchandises en grosses parties, pour les revendre par quantités moindres; mais il faut toujours reconnaître que, pour lutter contre cette
baisse, le négociant de l'intérieur a vu s'évanouir
la plus grande partie du bénéfice qu'il devait espérer de ses travaux. Certes, quand se trouvant
sur le même lieu avec un négociant de Nantes, le
négociant d'Orléans voulait vendre une marchandise achetée trois mois auparavant, à un prix de
3 à 4 pour cent, au-dessus du cours actuel, il n'a
pu sans perdre, ou du moins sans se priver de tout
bénéfice, l'offrir au même prix que son concur-
rent, dont les achats étaient récens, qui peut-être
attendait un ordre pour se procurer la marchandise qui lui serait demandée.

C'est à l'aide de ces avantages, que les villes à
entrepôt, et principalement Nantes et Bordeaux,
sont parvenues à enlever au commerce de notre
ville, une très-grande partie des approvisionnemens des pays voisins.

Le commerce de commission, à une époque
encore récente, a procuré de beaux bénéfices
à plusieurs maisons de notre ville, mais du
moment où elle a reçu moins de demandes
pour les départemens limitrophes, les maisons

de commission ont eu moins de débouchés; on conçoit d'ailleurs que la nécessité de payer les droits à la Douane sans savoir comment et quand la marchandise sera vendue, doit empêcher l'armarteur ou le grand détenteur de denrées coloniales, de les expédier sur notre place; il aime mieux avec raison faire sa consignation à un négociant d'une ville entrepositaire. Notre système de douanes produit encore ici ses effets.

Enfin la position du commerce de spéculation est la plus fâcheuse de toutes. Ce genre d'industrie mérite pourtant aussi quelque faveur.

Dans l'opinion de quelques hommes superficiels, la spéculation est indifférente à l'intérêt général, elle n'est, dit-on, un gain pour l'un qu'en occasionnant une perte à l'autre; il n'en résulte qu'un simple déplacement de fortune sans production.

Mais le négociant spéculateur a droit aussi d'être envisagé sous un autre rapport. La spéculation a souvent pour la société un intérêt réel, elle retire une marchandise de la circulation, lorsqu'elle est trop abondante pour l'y reverser, lorsqu'elle devient trop rare. Les magasins du spéculateur sont de véritables greniers de réserve qu'on emplit aux jours de l'abondance, pour servir aux jours de la disette. La spéculation est donc utile au producteur auquel elle procure des débouchés, quand ses produits sont délaissés : elle est également avantageuse au consommateur; en plaçant les denrées dans beaucoup de mains, quand elles sont à bas prix, elle rend, pour l'avenir, plus difficiles entre les détenteurs ces intelligences coupables, qui tendent à amener un surenchérissement excessif. Ce genre de commerce, sans entrepôt, devient aujourd'hui tout-à-fait impossible.

Comment, en effet, spéculer sur des marchandises chargées de droits, hors de toute proportion avec leur valeur?

Les droits sur le sucre brut sont, ainsi qu'on l'a vu, de la moitié de la valeur de la marchandise.

Le poivre ordinaire qui, dans les entrepôts des ports, vaut à peine 85 francs les 100 kilogrammes, paye à la Douane, compris le décime, 44, 66 ou 132 francs, suivant le lieu de sa provenance, et la nation du navire qui a fait l'importation.

Les cafés, suivant les qualités, rentrent dans nos ports au prix de 90 fr. à 140 fr. les 100 kilogrammes, ils payent un droit de 110 fr.

Les huiles d'Italie qui, à leur arrivée à Nantes, nous coûtent 1 fr. 25 cent. le kilogramme, payent à la Douane 46 centimes (1).

______

(1) La loi de mai 1826 fixe le droit des huiles à manger à 35 fr., avec le décime 38 fr. 50 cent. pour 100 kilogrammes, mais le droit se perçoit non-seulement sur le poids de l'huile,

Des droits aussi élevés, aussi disproportionnés avec la valeur intrinsèque de la marchandise, n'interdisent-ils pas, par le fait, toute spéculation au commerçant de l'intérieur? Pour courir les chances de l'augmentation d'une marchandise, il lui faut un capital presque double de celui dont a besoin le négociant d'une ville entrepositaire.

Le spéculateur, d'ailleurs, n'achète que pour revendre après un certain temps. Pour réaliser son opération avec avantage, il faut que la consommation ait épuisé la trop grande quantité de denrées en circulation; et quand tous les hommes éclairés regardent comme nécessaire, et font espérer un changement dans le tarif des droits, quel négociant prudent voudrait baser une opération sur leur maintien, lorsqu'une modification pourrait seule lui faire perdre une partie de son capital?

Aussi le négociant de l'intérieur, qui veut se livrer à une spéculation de quelque importance, la fait-il toujours dans une ville à entrepôt; mais quels inconvéniens ce genre d'opération ne lui offre-t-il pas? Il n'a pas seulement à payer une double commission pour l'achat et la revente, il

mais sur celui de la futaille, lequel est d'un sixième du poids brut, ou un cinquième du poids net; il faut donc ajouter à 38 fr. 5o cent. le cinquième de cette somme pour avoir le droit réellement payé.

est encore exposé aux abus de confiance, à toutes
les suites des malheurs imprévus qui peuvent frapper son correspondant; si ces cas sont rares, ils ne
sont pas malheureusement sans exemples. D'ailleurs comme ce n'est point l'intérêt des individus,
mais bien l'intérêt des localités qu'il faut examiner,
celui qui opère ainsi cesse, pour ce genre d'affaires, d'être négociant de sa ville : elles ne procu-
rent aucune activité à ses établissemens, elles ne
donnent ni travail ni bénéfice à la classe ouvrière.

Le commerce de spéculation n'est donc réellement possible aujourd'hui qu'aux négocians des
villes à entrepôt; mais leurs capitaux trouvent
dans les armemens, dans les expéditions à l'é-
tranger, un autre emploi qu'ils doivent préférer
dans leur intérêt, comme dans l'intérêt général.
Ainsi nos lois fiscales en interdisant la spéculation
au commerce de l'intérieur, l'ont véritablement
anéantie.

Il en est résulté non pas seulement une priva-
tion de bénéfices pour les maisons habituées à
placer ainsi leurs capitaux, ce système a encore
occasionné des pertes réelles même aux négocians
qui n'achètent que pour les besoins de la consommation.

Les progrès de l'agriculture ne sont pas bornés
à notre sol, nos colonies produisent aussi plus
de denrées qu'autrefois.

La consommation s'est sans doute également accrue, mais, comprimée dans son extension par les droits énormes dont la marchandise est frappée, son augmentation n'a pas été proportionnée à l'accroissement des produits.

De là, cette baisse extraordinaire et continue qui a causé tant de pertes à notre commerce, et ses conséquences, ainsi qu'on l'a fait observer, ont toutes été à notre désavantage ; les pertes qui en ont été la suite étaient inévitables pour notre commerce obligé de s'approvisionner à l'avance, et les négocians des ports, qui peuvent n'acheter qu'à mesure de leurs besoins, ont eu la facilité de s'y soustraire.

Ainsi, en résumé, la navigation de la Loire améliorée, les routes et les moyens de communications rendus plus faciles, ont fait naître pour notre commerce des concurrens ; ces concurrens ont dû leur avantage moins encore à leur position, qu'à l'entrepôt dont ils jouissent et dont notre ville est privée. L'entrepôt accordé aux ports, refusé à notre ville comme à toutes celles de l'intérieur, est donc en résultat la plus forte cause de la diminution survenue dans une de nos principales branches de commerce.

Il reste maintenant à présenter quelques observations sur le commerce des productions de notre sol, les liquides en forment l'objet le plus important.

Notre ville faisait autrefois un commerce d'eaux-de-vie très-étendu : ces eaux-de-vie n'étaient pas, comme on le croyait en quelques lieux, un produit de l'Orléanais; elles nous arrivaient des bords de la Loire, de la Charente et du Midi; nos négocians les vendaient et les expédiaient dans la capitale, dans ses environs et dans toutes les provinces du Nord; les vins de nos vignobles trouvaient en même temps et sur les mêmes lieux des débouchés avantageux.

Les communications devenues plus faciles, la possibilité d'expédier directement pour la consommation des lieux de production, l'établissement et l'importance de l'entrepôt des liquides à Paris, lequel, en réunissant de grandes masses de marchandises, a dû attirer les demandes des acheteurs; toutes ces causes ont dû nécessairement nuire à cette partie de notre commerce.

Toutefois, elle se serait encore soutenue avec avantage, si elle n'eût pas trouvé dans le vice de notre législation des obstacles plus difficiles à surmonter.

Quoique les produits de nos vignobles ne soient pas en général propres à l'exportation, il n'en est pas moins certain que nos douanes, en fermant dans plusieurs états l'entrée aux vins de France, occasionnent aux nôtres un préjudice réel; les vins qui, dans un autre système, seraient exportés, sont expédiés à l'intérieur et dans des lieux où leur absence ferait rechercher nos produits.

Nos lois sur les contributions indirectes, destinées à régir le commerce intérieur, viennent aggraver le mal.

De tous les produits agricoles, le plus incertain, le plus variable, est celui de la vigne; elle offre rarement des récoltes moyennes, c'est presque toujours l'abondance ou la disette, et l'une et l'autre ont des inconvéniens pour le propriétaire comme pour le commerçant.

C'est principalement pour un semblable produit qu'il importerait de laisser au commerce la plus grande liberté, et surtout de favoriser le commerce de spéculation.

Mais telle est notre législation, qu'elle rend, pour ainsi dire, impossible toute spéculation sur les liquides.

En effet, quel est le capitaliste qui, par sa profession et ses affaires habituelles, n'ayant point de rapport avec l'administration des contributions indirectes, voudra, pour une opération isolée, se soumettre à la surveillance tracassière des employés?

Ce n'est pas seulement la spéculation propre-
ment dite que notre système d'impôts indirects
rend impossible.

Sans les entraves qui résultent de nos droits d'octroi et de régie, lors des récoltes abondantes, les
pères de famille aisés acheteraient la provision de
plusieurs années. Quelques-uns y pourraient ajouter une portion destinée à être revendue au besoin. Mais comme en faisant ces achats, il faut
acquitter sur-le-champ des droits qui doublent
le prix du vin, il en résulte la nécessité d'une
avance de fonds, que le plus grand nombre trouve
trop considérable. On hésite, d'ailleurs, à payer
un droit pour une denrée qui ne se consommera
que dans quelques années, surtout quand on at-
tend et que tout fait espérer une diminution dans
les tarifs.

On peut enfin se tromper sur la qualité des
vins ; achetés pour être consommés à une époque
éloignée, ils peuvent n'être pas de conserve, il
faudra donc qu'ils soient revendus.

Mais le particulier non négociant, à moins qu'il
ne consente à perdre les droits qu'il a payés, n'aura
pas seulement l'inconvénient de ne pouvoir les
placer que dans l'intérieur de sa ville, il ne pourra
même aucunement s'en défaire sans se constituer
en contravention. S'il en vend seulement un hec-
tolitre, on s'armera contre lui de l'art. 98 de la

loi du 28 avril 1816 pour le faire considérer comme marchand en gros, et en vertu de l'art. 106, on confisquera ses vins, et de plus on le rendra passible d'une amende de 500 fr. à 2,000 fr. pour avoir fait le commerce sans avoir pris une licence.

Quelle est la conséquence de toutes ces entraves? c'est que dans les années les plus abondantes, les particuliers n'achètent que ce qu'ils peuvent prochainement consommer; c'est que les négocians capitalistes, c'est-à-dire, ceux qui achètent pour conserver un certain temps, ne dirigent point leurs opérations sur les produits de nos vignobles. Alors, les acheteurs se trouvent réduits à un petit nombre de commerçans en vins par état.

Il est facile de sentir qu'en présence d'une récolte abondante, leurs achats n'en peuvent comprendre qu'une partie; et comme une marchandise se vend d'autant moins chère que la quantité en est plus considérable et le nombre des acheteurs moins grand, on ne doit plus être étonné de l'avilissement des prix.

C'est à tort que l'on penserait que cet état de choses est au moins avantageux au commerçant, en ce que diminuant le nombre des acheteurs, il rend les prix d'achats moins élevés.

Cette observation pourrait être juste, s'il y avait des acheteurs pour tous les produits de la récolte; mais comme une portion reste invendue chez les propriétaires, et que la plupart d'entr'eux sont pressés de rentrer dans leurs avances, comptent sur les produits de leurs vignes pour l'entretien de leur famille, ils cherchent tous les moyens de se défaire de leurs denrées, l'offrent aux consommateurs en concurrence avec les commerçans; un grand nombre même les vendent en détail; alors, malgré le bas prix auquel il l'a acheté, le négociant se trouve encore en perte.

Si, au contraire, l'excédent de la récolte, resté chez des propriétaires peu aisés, eût été acheté par des spéculateurs que rien n'eût pressé de revendre, les achats eussent pu se faire sans doute, ce qui eût été avantageux à la propriété, à des prix plus élevés; mais comme une portion des vins eût été, pendant un certain temps, hors de la circulation, le commerçant en liquide en eût profité pour réaliser les siens avec avantage, il n'eût point eu, pour la vente, la concurrence de cette foule de petits propriétaires, qui, journellement, font offrir leur récolte au rabais, au son de la cloche ou du tambour.

Qu'on ne dise pas, non plus, que le bas prix des denrées est, en général, favorable aux consommateurs; cela cesse d'être vrai quand le producteur de la denrée est en perte, car la baisse empêchant la reproduction, finit par amener la rareté, et par suite le renchérissement.

Ce qui d'ailleurs avilit les prix du vin, c'est que la consommation en est considérablement diminuée par l'énormité de nos droits d'octroi et de régie; il a beau être sans valeur pour celui qui le récolte, il est encore très-cher, surtout dans les grandes villes, pour les consommateurs.

Je crois avoir fait ainsi connaître, non pas toutes, mais les principales causes de la souffrance de notre industrie manufacturière et commerciale : avoir développé les causes du mal, c'est presque en avoir indiqué le remède; quelques nouvelles observations sont cependant nécessaires, pour achever de remplir la tâche que je me suis imposée.

§ III.

MOYENS DE RENDRE A NOS MANUFACTURES ET A NOTRE COMMERCE UNE PARTIE AU MOINS DE LEUR ANCIENNE SPLENDEUR. — NÉCESSITÉ D'UN ENTREPOT POUR LES MARCHANDISES SOUMISES AUX DOUANES.

Dans les causes qui ont favorisé l'industrie et le commerce des villes en concurrence avec la nôtre, il en est qui ont leur principe dans l'amélioration, dans la multiplication des moyens de communication et de transport, dans l'activité et les progrès de l'industrie; personne ne doit désirer de voir cesser leur heureuse influence : les bons citoyens savent supporter les préjudices qui leur sont particuliers quand ils ont leur fondement dans le bien général.

Mais il en est d'autres, et ce sont, ainsi qu'on l'a vu, les plus influentes, qui reposent dans la législation, dans le privilége, ou, pour mieux dire, dans un droit refusé à notre ville, et dont jouissent toutes celles dont la concurrence lui a été la plus préjudiciable. Demander à cet égard un changement dans nos lois, ce n'est pas agir seulement dans l'intérêt de quelques localités, mais bien dans l'intérêt général de la France.

La concession d'un entrepôt pour les denrées coloniales, est le seul moyen de faire sortir nos raffineries et notre commerce de l'état de gêne dans lequel ils languissent.

L'entrepôt procurerait un avantage évident à nos raffineurs; il leur épargnerait toutes les pertes qui sont la suite de l'avance des droits : en favorisant les spéculations, il amènerait dans notre ville une plus grande masse de marchandises qui seraient journellement à la portée de nos besoins; les détenteurs de denrées coloniales profiteraient des momens où la navigation de la Loire est facile et peu coûteuse, pour diriger sur notre place une portion de celles que, dans le système actuel, et pour ne pas avancer les droits, ils sont obligés de laisser entassées dans les entrepôts des ports; les expéditeurs y seraient encouragés par l'espérance de trouver des débouchés dans la consommation de notre ville, et par la facilité de pouvoir ensuite diriger leurs marchandises sur Paris ou dans les pays du Nord et de l'Est, lorsqu'elles y seraient recherchées. Nos raffineries ne reviendraient peut-être pas encore ce qu'elles étaient autrefois; les établissemens semblables, formés à Paris et dans les ports, limiteront toujours les lieux de leurs débouchés; mais elles pourraient, avec avantage, soutenir la concurrence dans les départemens voisins, et principalement dans ceux de l'Est, du haut de la Loire, et même dans la Suisse.

Notre commerce d'épicerie et de denrées coloniales, par les mêmes raisons, verrait s'applanir les entraves qui s'opposent à ses développemens.

Nos négocians commissionnaires recevraient d'importantes consignations.

Le commerce de spéculation, avec une même somme, opérerait sur une plus grande masse de marchandises; il n'aurait point à craindre les pertes résultantes d'un changement dans le tarif; il occuperait à notre avantage, à l'avantage de la classe ouvrière, des capitaux qui souvent sont obligés de chercher un emploi sur des places étrangères.

Les marchandises, disséminées dans l'intérieur,

casées dans les mains de capitalistes non pressés de réaliser, seraient moins avilies dans leur prix, et pourtant il est vraisemblable que la consommation s'augmenterait; elle devient généralement plus grande, quand on rapproche les denrées des consommateurs.

C'est aussi ce que proclamait en 1826, en parlant du transit et des entrepôts, l'honorable rapporteur de la loi des douanes. « Tout ce qui peut » contribuer, disait-il, à accroître dans l'intérieur » du royaume l'activité des circulations, doit né- » cessairement être avantageux au commerce et » à toutes les industries. En effet, ajouter au mou- » vement commercial, c'est multiplier les occa- » sions du travail, c'est augmenter les richesses » industrielles, c'est exciter de tous côtés des con- » sommations plus abondantes (1). »

Le commerce des ports ne souffrirait pas, des entrepôts à l'intérieur, autant que certaines villes maritimes affectent de l'annoncer. Les négocians des ports seraient toujours, pour le commerce de l'intérieur, des intermédiaires indispensables. A la vérité, la marchandise s'expédiant sans avoir acquitté les droits, la commission d'achat, prise sur un prix moins élevé, serait proportionnellement moins forte; mais la consommation devant recevoir,

(1) Rapport de M. Fouquier-Lelong, *Moniteur*, page 404.

de l'établissement des entrepôts à l'intérieur, un accroissement, les droits des commissionnaires se préleveraient sur de plus grandes quantités de marchandises. Les spéculations, en devenant plus faciles et plus multipliées à l'intérieur, feraient rentrer plus promptement l'armateur dans ses capitaux, le commerce extérieur accroîtrait ainsi le nombre de ses opérations, dont les ports retirent le plus grand avantage.

Le gouvernement, d'ailleurs, ne doit pas seulement considérer l'intérêt des villes maritimes, la position des villes de l'intérieur doit aussi fixer son attention. La circonstance que les entrepôts porteraient quelque préjudice au commerce des ports, ne saurait l'arrêter, s'il est démontré qu'il en résulterait un grand bien pour le commerce de la France, si, enfin, la justice ne permet pas que nos villes en soient privées plus long-temps.

De deux choses l'une :

Ou les droits de douanes sont dus à l'entrée de la marchandise dans le royaume, et alors l'entrepôt est une faveur concédée au commerce en gros ; mais il faut que cette faveur, pour qu'elle ne dégénère pas en injustice, soit accordée à toutes les grandes villes qui sont susceptibles d'en jouir ;

Ou ces droits ne sont dus qu'au moment où la denrée est livrée à la consommation, et, dans ce cas, le refus de l'entrepôt est une dérogation au droit commun, dérogation qui ne peut être admise à l'égard des places commerçantes, qui, par leur importance, permettent au gouvernement d'établir des préposés et des surveillans pour la perception des droits.

Il ne faut pas aussi perdre de vue le motif qui a fait accorder des entrepôts aux ports; c'est évidemment la faveur du commerce extérieur, c'est pour attirer dans le royaume les produits étrangers. Mais à l'époque où ces priviléges furent concédés, les négocians des villes maritimes n'avaient de relations qu'avec les premières maisons des principales places de l'intérieur; il restait encore à ces places un rôle fort avantageux, celui d'approvisionner la consommation.

Mais lorsqu'au moyen des améliorations apportées à la navigation, des routes et des canaux ouverts à l'industrie, les ports s'emparent de presque tout le commerce de l'intérieur, est-il juste de leur laisser la jouissance exclusive d'un privilége dont ils profitent pour enlever à nos villes une branche de commerce qui leur a toujours appartenue? Cette considération me semble des plus graves, et elle acquerra d'autant plus de force, que les moyens de communication deviendront plus faciles et plus multipliés.

Quand les obstacles que la nature opposait au

développement du commerce des ports s'aplanissent chaque jour, convient-il de laisser subsister les entraves que nos lois apportent au commerce des villes de l'intérieur? Quoi! un négociant de Nantes, voulant profiter du bas prix d'une denrée, en achetera pour trois cent mille francs, pour la revendre à une époque éloignée où il prévoit une hausse; les droits imposés sur cette denrée montent à deux ou trois cent mille francs, il pourra garder cette somme pendant un an, deux et même trois ans, profiter des intérêts, ou l'utiliser dans ses affaires, et si un négociant d'Orléans ou de toute autre ville de l'intérieur veut faire la même opération, il faudra qu'il acquitte sur-le-champ cette somme de deux ou trois cent mille francs. Une telle différence entre deux hommes sujets du même monarque, qui tous deux contribuent également aux charges de l'État, ne blesse-t-elle pas toutes les règles de la justice distributive?

La nécessité des entrepôts peut être encore envisagée sous un autre rapport non moins intéressant pour le commerce de l'intérieur, et surtout pour nos raffineries.

Avec les droits énormes imposés sur les matières premières, pour ne pas fermer entièrement à leurs produits les débouchés du dehors, il a fallu accorder à l'exportation des primes très-élevées, et proportionnées aux droits payés sur les matières premières; mais ce système a de graves inconvéniens; des fraudes peuvent exister à l'introduction des matières premières, il peut s'en pratiquer de nouvelles relativement à la sortie des produits fabriqués; une portion des quantités portées sur les certificats peut seulement passer à l'étranger, et le surplus, tout en recevant une prime importante, rester à la consommation de l'intérieur. Si on alléguait que, dans le fait il existe à cet égard des abus réels, que certains établissemens font des gains illicites au préjudice des manufacturiers honnètes, ce serait à l'administration à redoubler de surveillance, et à vérifier si ces plaintes sont, ou non, fondées.

Quoi qu'il en soit, il faut reconnaître que l'élévation des primes, conséquence inévitable de l'élévation des droits imposés sur les matières premières, tend à encourager la fraude et à la rendre commune.

Le meilleur moyen de la prévenir, est la modération des droits, parce qu'alors, il n'existe plus un aussi grand intérêt à braver les dangers; la diminution pourrait être successive, et peut-être n'en résulterait-il pas une différence sensible pour le trésor de l'État, parce que, vraisemblablement, elle serait suivie d'une augmentation dans la consommation.

Mais, pour arriver à cette diminution désirable, l'établissement des entrepôts intérieurs est préalablement indispensable, autrement, notre commerce, et principalement nos raffineurs, en éprouveraient un grand préjudice. Ils ne peuvent jamais être sans des approvisionnemens; quelque prudens, quelque timides même qu'ils soient dans leurs achats, ils auraient toujours, au moment du changement dans les tarifs, une grande quantité de matière première, ou de marchandises fabriquées sur lesquelles ils auraient acquitté des droits entièrement perdus pour eux.

Cette crainte, que dès aujourd'hui ils ne peuvent s'empêcher d'avoir, doit faire considérer comme un mal tout retard apporté à l'établissement de ces entrepôts.

Quand, en effet, les droits ne devraient pas subir de diminution, l'opinion générale, les idées qui dominent dans les écrits publiés journellement, doivent au moins le faire espérer. Et alors tant que cet état de choses subsistera, les négocians et les raffineurs de l'intérieur, appréhenderont de donner à leurs affaires des développemens qui rendraient nécessaires de grands approvisionnemens, sur lesquels une diminution dans les droits leur occasionnerait des pertes qui seraient à ajouter à celles qu'ils ont déjà éprouvées.

Au contraire, que la faculté de l'entrepôt soit

une fois accordée à nos villes intérieures, la diminution des droits n'est plus un sujet d'inquiétude;
les marchandises qui les auront acquittés au moment de la concession de l'entrepôt, seront bientôt consommées; les achats à faire pour l'avenir se
placeront dans les magasins des Douanes, jusqu'au
moment de la consommation; alors, s'il y avait,
par la suite, possibilité de diminuer les droits, il
n'en résulterait, pour le commerce de l'intérieur,
aucune perte sensible, le bien s'opérerait ainsi
sans secousse.

Quelles objections opposerait-on à tant de
considérations?

On ne peut concevoir aucune crainte dans l'intérêt de nos industries, qui ont encore besoin de
protection; il ne s'agit pas de passer du système
des restrictions au système de la liberté, de ren-
verser les barrières des Douanes; l'établissement
des entrepôts intérieurs ne touche point aux
grandes et délicates questions qui concernent nos
relations avec l'étranger, il tient uniquement à
un régime qui nous est particulier, que nous
pouvons changer ou modifier sans inconvénient,
sans crainte de favoriser la concurrence des autres nations.

Prétendrait-on, dans l'intérêt de nos finances,
que l'établissement de ces entrepôts occasionnera
des frais à l'état, nécessitera un plus grand nombre

d'employés, apportera des retards dans la perception des impôts ; puisque les droits, qui aujourd'hui sont acquittés aussitôt que les marchandises sortent des ports, ne seraient plus payés
qu'au moment de la consommation.

Mais si, comme on ne saurait en douter, les
entrepôts de l'intérieur l'augmentent, quelle que
soit cette augmentation, les droits qui, en seront
la suite couvriront et au-delà les dépenses à faire
et un modique préjudice qui, en résultat, n'est
qu'une perte d'intérêts. Cette obligation de payer
les droits-avant que la denrée ne soit livrée à la
consommation, n'ai-je pas d'ailleurs démontré
qu'elle est tout-à-fait injuste ? Si le trésor enfin ne
peut se passer de cette avance, je demanderai
toujours pourquoi les négocians de l'intérieur seraient obligés de la faire, quand ceux des ports
en sont dispensés? Laissons pourtant de côté ces
réponses péremptoires, admettons pour un moment l'existence, sans compensation, des dépenses et du préjudice allégués; pourrait-on encore, de bonne foi, écouter de pareilles objections, en présence de l'intérêt général du commerce et d'un budjet d'un milliard?

Au surplus, l'établissement d'un entrepôt à
Orléans, n'occasionnerait presque aucun frais ;
notre ville a déjà une administration des douanes
pour le sel; des magasins, dont les propriétaires de

marchandises payeraient largement le loyer, quelques employés de plus suffiraient pour étendre le droit d'entrepôt à toutes les marchandises exotiques.

Cet entrepôt peut seul rendre profitable pour notre ville le canal projeté sur le littoral de la basse Loire; ce canal lui-même restera sans activité, s'il ne peut transporter que des marchandises ayant acquitté les droits de douanes.

On prétend néanmoins que quelques honorables négocians de notre ville hésitent à donner leur approbation au système des entrepôts intérieurs; mais le nombre en est petit, et peut-être parmi eux en est-il quelques-uns qui, considérant d'abord leur position particulière, n'ont pas envisagé la question sous ses véritables faces; ils font cependant une objection qui a besoin d'être examinée.

Ils disent que si le système des entrepôts intérieurs prévaut, Paris en obtiendra nécessairement un, qu'alors son commerce s'accroissant toujours, finira par absorber celui des ports, et même celui de notre ville.

J'ai déjà répondu à l'objection qui intéresse les villes maritimes. J'ai démontré que l'écoulement à l'intérieur de marchandises qu'elles seules recevront toujours directement, ne peut que favoriser et multiplier pour elles les arrivages et les opérations du commerce extérieur.

Quant à notre ville, il est évident que si elle avait un entrepôt sans qu'il en fût établi un en même temps à Paris, son commerce serait bientôt plus florissant qu'aux jours de sa plus grande prospérité.

Mais lors même que Paris obtiendrait le même avantage que nous, et c'est dans cette hypothèse qu'il faut raisonner pour ne pas se laisser entraîner à des illusions, notre position serait encore beaucoup améliorée.

La faculté d'expédier sur des acquits à caution, ne s'accordant que pour certaines quantités de marchandises, et lorsqu'elles sont dirigées d'un entrepôt dans un autre, le commerce de détail du département et des pays voisins s'approvisionnerait exclusivement chez nous; il prendrait plutôt ses marchandises à Orléans que de les tirer de Nantes, puisqu'alors il serait obligé d'acquitter les droits à la sortie de cette ville; le marchand y sera de plus déterminé par l'avantage très-grand de voir et de choisir sa marchandise lui-même.

La proximité de Paris nous serait même très-favorable. Cette ville ne reçoit pas toutes ses marchandises par le Hâvre et Rouen; déjà même elle en tire beaucoup de Nantes, qui passent par Orléans; la quantité s'en accroîtrait si nous avions un entrepôt. Ce passage nous serait profitable et procurerait des travaux à notre population. L'économie dans les frais et loyers de magasins, la confiance et l'entière sûreté qu'inspire notre place, détermineraient souvent, non-seulement les négocians des ports, mais encore les négocians et les spéculateurs de la capitale, à nous laisser leurs marchandises en consignation. La facilité des communications entre Orléans et Paris, la possibilité d'y faire au besoin des expéditions en deux jours, l'organisation de transports par service accéléré, qui alors s'établiraient nécessairement sur notre canal, feraient de notre entrepôt une utile et importante succursale de celui de Paris.

Si cependant des considérations particulières obligeaient le gouvernement à restreindre à un petit nombre les entrepôts qu'il formerait à l'intérieur, et que dans la distribution de ces établissemens, il n'en pût être accordé qu'un pour Paris et pour Orléans; si alors, il fallait examiner laquelle de ces deux villes doit l'obtenir, de puissantes considérations devraient faire pencher la balance en notre faveur.

Paris, centre du Gouvernement, résidence de toutes les grandes administrations, possédant de nombreux et superbes établissemens qui attirent les étrangers de toutes parts, a déjà d'immenses avantages; l'état y seconde et rétribue largement les travaux de cette foule de savans qui ont si puissamment contribué à la prospérité de son industrie. Notre ville, au contraire, par des circonstances forcées, voit chaque jour ses pertes s'accroître, son commerce s'anéantir, et pas un seul établissement nouveau ne l'en dédommage encore; les souvenirs et la gloire de son ancienne Faculté, le grand nom de Pothier, n'ont pas même pu lui faire obtenir une école de droit.

Dans cette position, Paris pourrait-il voir d'un œil d'envie, la concession d'un établissement qui, en résultat, serait aussi avantageux à son commerce qu'à nous-mêmes? Notre Roi n'est-il pas le père de tous ses sujets, le protecteur de toutes ses bonnes villes? Il a bien pu, pour la gloire et l'intérêt de la France, accorder à sa capitale des avantages refusés aux autres villes; mais ces faveurs ne doivent pourtant pas être exclusives; Orléans, si constante dans sa fidélité, n'obtiendra-t-elle pas aussi une compensation à toutes ses pertes? Quand le chef d'une famille illustre, pour lui conserver son éclat, accorde la plus grande part de sa fortune à l'aîné de ses enfans, qui pourrait trouver mauvais qu'au moins il assurât l'existence aux cadets? La concession d'un entrepôt, comparée à tout ce que Paris possède, ne serait donc pour nous que le paiement de cette *légitime* sacrée, et à laquelle tout enfant a droit dans les dispositions du père commun. Que la capitale reste privée de l'entrepôt, lorsque notre ville l'aurait obtenu, sa prospérité n'en continuera pas moins de s'accroître, notre établissement même la favorisera ; mais accorder l'entrepôt à Paris, et le refuser à Orléans, ce serait donner à notre industrie et à notre commerce expirant le coup de la mort.

Enfin, il ne suffirait pas de faciliter l'arrivée des marchandises à Orléans, il faudrait aussi procurer à cette ville des moyens d'expéditions. L'un des plus essentiels est la réparation de la route de la Bourgogne jusqu'à Fontainebleau; son état aujourd'hui est tel, que le roulage y est impossible; le plus souvent le commerce est obligé de diriger sur Paris ses expéditions pour les pays de l'Est et de la Suisse; et du moment où notre marchandise passe par la capitale, c'est presque indiquer que c'est là que, dorénavant, ceux auxquels nos commerçans expédient doivent diriger leurs ordres.

L'achèvement de la route de Chartres serait aussi désirable. Cette ville, en général, tient à ses relations avec la nôtre; elles deviendraient plus fréquentes, si la difficulté des communications n'y apportait pas des obstacles : c'est un point qu'il importe de recommander à l'administration de notre département; la portion à sa charge est presque maintenant la seule qui reste à faire.

Quant à notre commerce de vins et de liquides, il ne peut sortir de l'état de gêne dans lequel il languit depuis plusieurs années, que par

une diminution dans les droits. Les impôts exces-
sifs et hors de toute proportion, avec la valeur
intrinsèque de la denrée, encouragent la fraude
encore plus nuisible au véritable commerce qu'à
l'État. Celui en effet, qui, en vrai et bon citoyen,
se soumet aux lois quelles qu'elles soient, acquitte
les tributs qu'elles imposent comme une dette
légitime, ne peut soutenir la concurrence avec
le fraudeur. La diminution est d'autant plus indispensable, que la grande quantité de vignes,
plantées depuis plusieurs années, doit toujours à
l'avenir maintenir nos vins ordinaires à des prix
modérés.

Si, d'un autre côté, il était possible au gouvernement de faire cesser les entraves apportées
à l'exportation des vins susceptibles d'être expédiés au-dehors, les nôtres trouveraient des débouchés plus faciles.

Enfin, il faudrait surtout que la liberté fût
rendue au commerce de liquides à l'intérieur.

Lorsqu'après la révolution, le gouvernement
voulut frapper d'un impôt les vins, on commença
par établir ce que l'on appela alors un droit d'in-
ventaire. Les vins, après la récolte, étaient in-
ventoriés chez les propriétaires, tenus, à mesure
des ventes, de faire acquitter par l'acheteur le
droit imposé; lors des recensemens annuels, ils
étaient responsables des droits sur les quantités
manquantes, pour lesquelles il n'avait point été

fait de déclaration. Dans ce système, au moyen de la garantie que le gouvernement trouvait dans la responsabilité des propriétaires, la circulation et le commerce des vins à l'intérieur étaient parfaitement libres.

On a trouvé qu'un tel mode d'impôt rendait la fraude facile; on a de plus objecté que se poursuivant plutôt contre le propriétaire que contre la récolte, il rentrait dans la classe des contributions directes; on a dit qu'en général, une denrée sur laquelle on établit un impôt n'augmente pas du montant de cet impôt, dont une portion reste toujours ainsi à la charge de celui qui en fait l'avance, que cela est surtout vrai à l'égard du propriétaire, auquel il est encore plus difficile qu'au commerçant, de recouvrer les sommes qu'il débourse pour le paiement d'impôts.

Ces objections peut-être ne sont pas sans fondement.

En effet, pour faire retomber totalement ou en grande partie sur le consommateur, un impôt dont on a fait l'avance, il faut pouvoir dicter la la loi à son acheteur, être, comme on le dit communément, à même de bien vendre. Or, celui qui vend le mieux, n'est pas celui qui réellement est le plus riche; mais bien celui qui a le plus de capitaux disponibles. Il paraît donc par cette raison que le négociant, dont la fortune est principalement mobiliaire, environné généralement

d'un crédit qui lui procure au besoin, et quand
il veut, des fonds sur sa simple signature, qui,
quand il ne trouve pas d'acheteurs sur un lieu,
a la facilité d'expédier sur un autre, peut plus
aisément qu'un propriétaire, rentrer dans les
droits dont il a fait l'avance.

Mais si le législateur, dans le système actuel,
a voulu soulager les propriétaires de vignes, on
croit qu'il a manqué son but; en gênant les approvisionnemens, en ôtant au commerce de vin
sa liberté , en détruisant toute concurrence aux
achats, on leur a causé par la baisse des prix,
suite inévitable du système adopté, un préjudice
beaucoup plus grand que celui dont ils se plai-
gnaient auparavant.

Tel est l'avantage de la liberté du commerce,
qu'elle peut souvent balancer les conséquences
des impôts les plus onéreux. « Les causes de la
» prospérité de l'industrie dans la Grande-Bre-
» tagne, dit Smith, sont cette liberté de com-
» merce qui, malgré nos restrictions, est pour-
» tant égale et peut-être supérieure à celle dont
» on jouit dans quelque pays du monde que ce
» soit; cette faculté d'exporter sans droits presque
» tous les produits de l'industrie domestique,
» quelle que soit leur destination , *et ce qui est*
» *plus important encore, cette liberté illimitée*
» *de les transporter d'un bout du royaume à*
» *l'autre, sans être obligé de rendre aucun compte,*

» *sans être exposé dans aucun bureau à la moin-*
» *dre visite, à la plus simple question* (1). »

Ainsi la route à suivre nous est indiquée par l'expérience et le succès de nos voisins. Les inté- rêts du commerce et de l'agriculture sont les mêmes à cet égard.

En traçant le tableau des causes de la déca- dence de notre industrie et de notre commerce, je ne crois m'être livré à aucune exagération; on peut être divisé sur la possibilité et les moyens de gué- rir le mal, mais son existence est incontestable.

Sans doute, c'est toujours avec raison que notre ville est regardée comme une des places de com- merce qui offrent le plus de sûreté; mais ce qui lui mérite cette réputation, c'est l'esprit d'ordre, c'est la sévère économie de nos commerçans. La simplicité des mœurs leur a toujours paru une vertu essentielle à leur état; ils n'ont point cédé à cette manie de briller, à ce luxe inconsidéré, aujourd'hui la cause de tant de ruines; et cepen- dant, quelle est en général leur position, que sont devenues les grandes fortunes amassées dans les temps prospères? Les unes sont détruites ou atté- nuées par des pertes, triste, mais, pour ainsi dire, inévitable conséquence des causes signalées; les autres sont réduites à des bornes ordinaires, par des partages entre des enfans, auxquels les

____

(1) Richesses des nations, livre 14, chap. 7.

circonstances n'ont pas permis d'accroître le patrimoine héréditaire. Quelques nouvelles maisons seulement, ont pu acquérir cette honorable aisance qui suffit au bonheur de l'homme modeste et laborieux; mais, depuis vingt ans, notre ville n'a pas vu s'élever une seule de ces brillantes fortunes, même comparables à celles d'une autre époque encore récente, et qui lui assurèrent sa prépondérance commerciale. Pourrait-on penser qu'il n'existe point de causes ni de remèdes à des résultats si fâcheux?